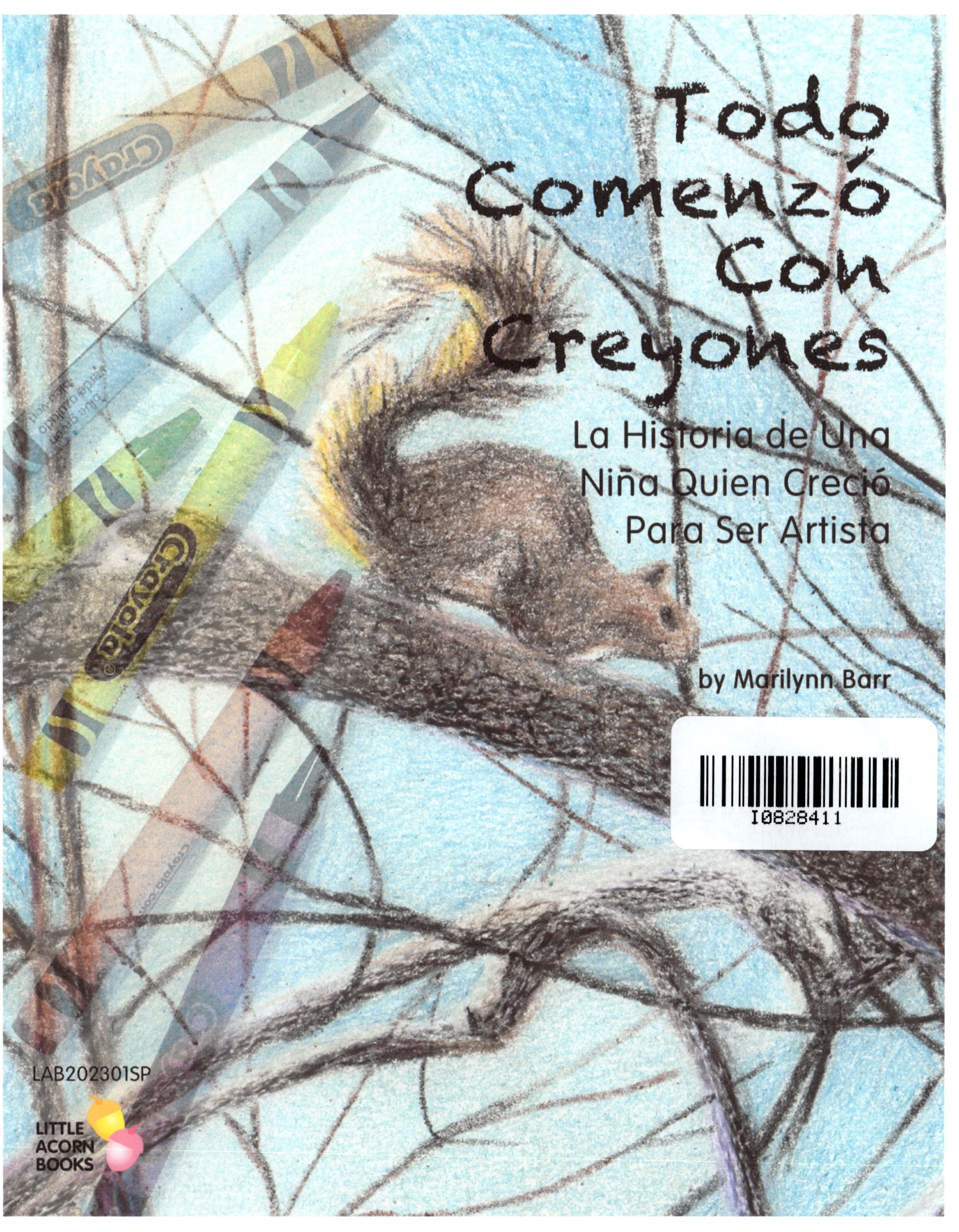

Todo Comenzó Con Creyones

La Historia de Una Niña Quien Creció Para Ser Artista

by Marilynn Barr

LAB202301SP

LITTLE ACORN BOOKS

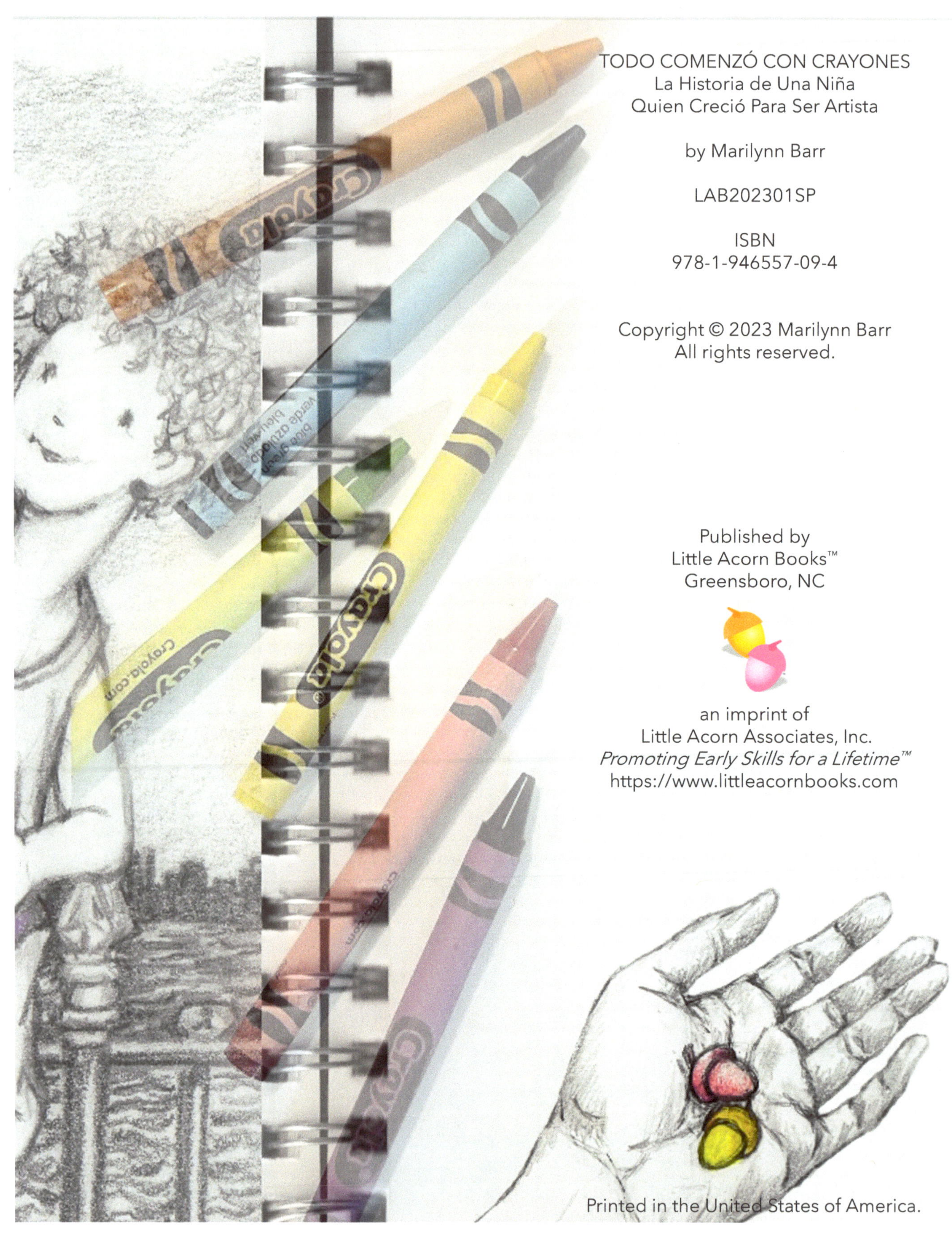

TODO COMENZÓ CON CRAYONES
La Historia de Una Niña
Quien Creció Para Ser Artista

by Marilynn Barr

LAB202301SP

ISBN
978-1-946557-09-4

Published by
Little Acorn Books™
Greensboro, NC

an imprint of
Little Acorn Associates, Inc.
Promoting Early Skills for a Lifetime™
https://www.littleacornbooks.com

Printed in the United States of America.

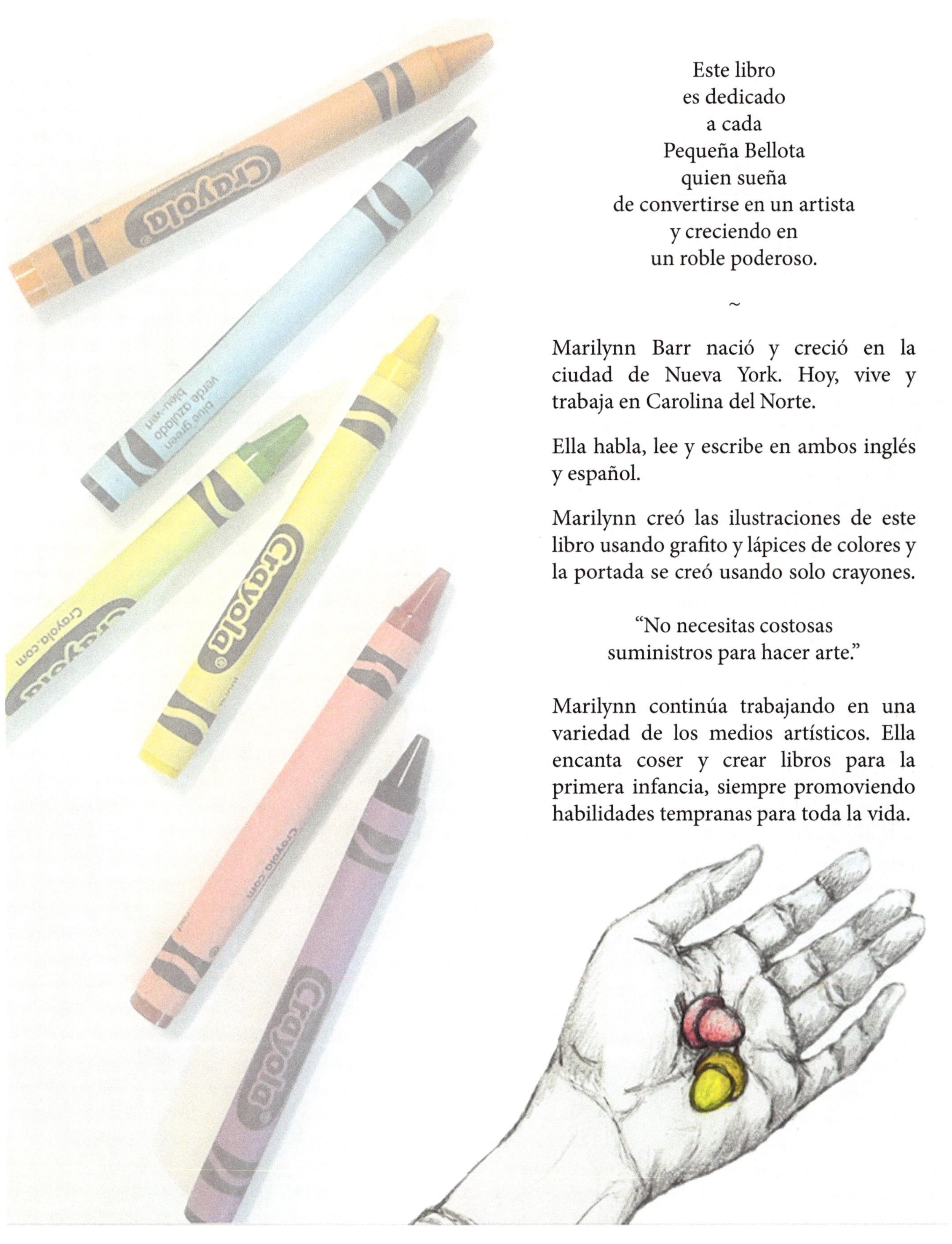

Este libro
es dedicado
a cada
Pequeña Bellota
quien sueña
de convertirse en un artista
y creciendo en
un roble poderoso.

~

Marilynn Barr nació y creció en la ciudad de Nueva York. Hoy, vive y trabaja en Carolina del Norte.

Ella habla, lee y escribe en ambos inglés y español.

Marilynn creó las ilustraciones de este libro usando grafito y lápices de colores y la portada se creó usando solo crayones.

"No necesitas costosas
suministros para hacer arte."

Marilynn continúa trabajando en una variedad de los medios artísticos. Ella encanta coser y crear libros para la primera infancia, siempre promoviendo habilidades tempranas para toda la vida.

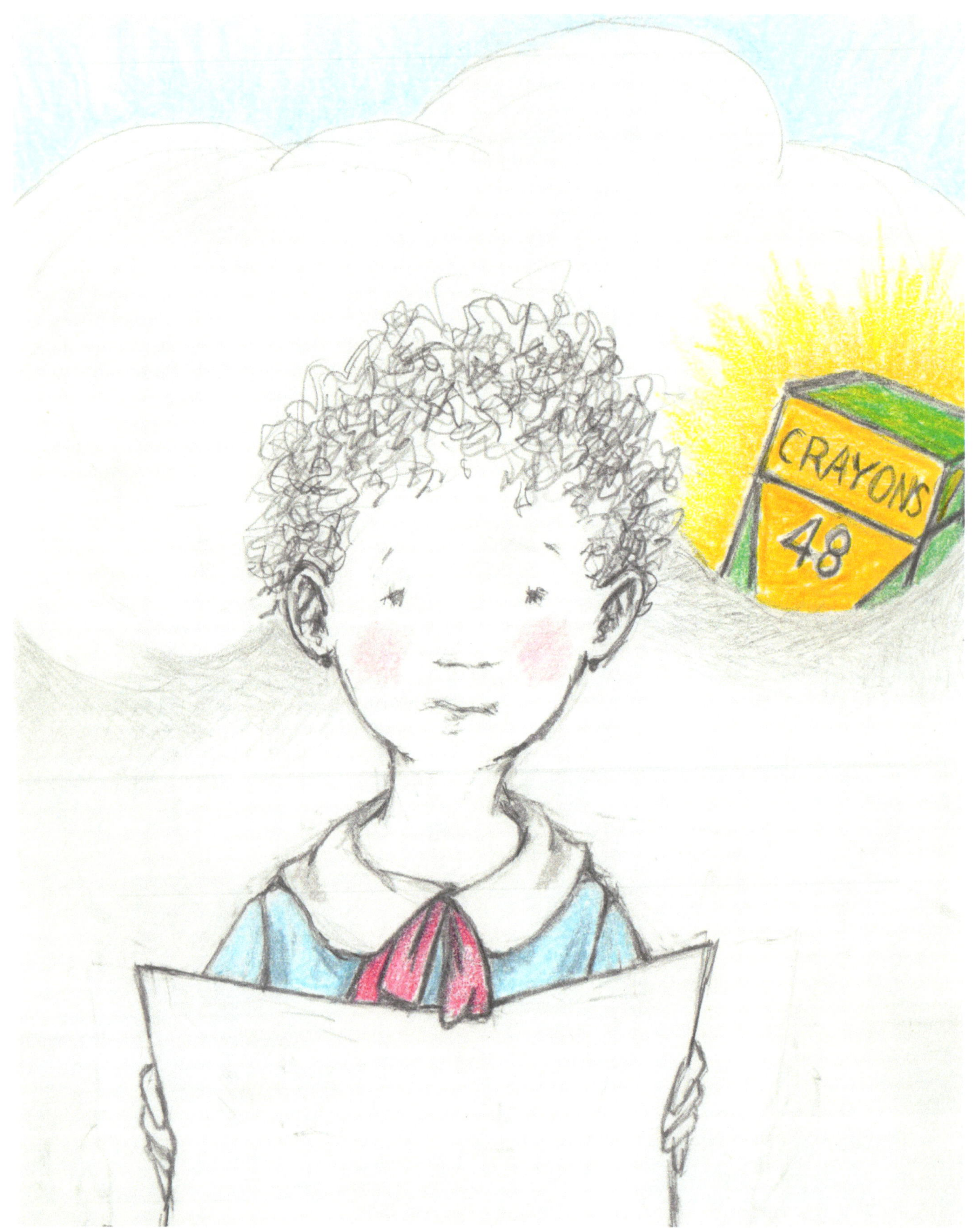
CRAYONS
48

Había una vez
una niña a quien
le encantaba dibujar
con crayones.

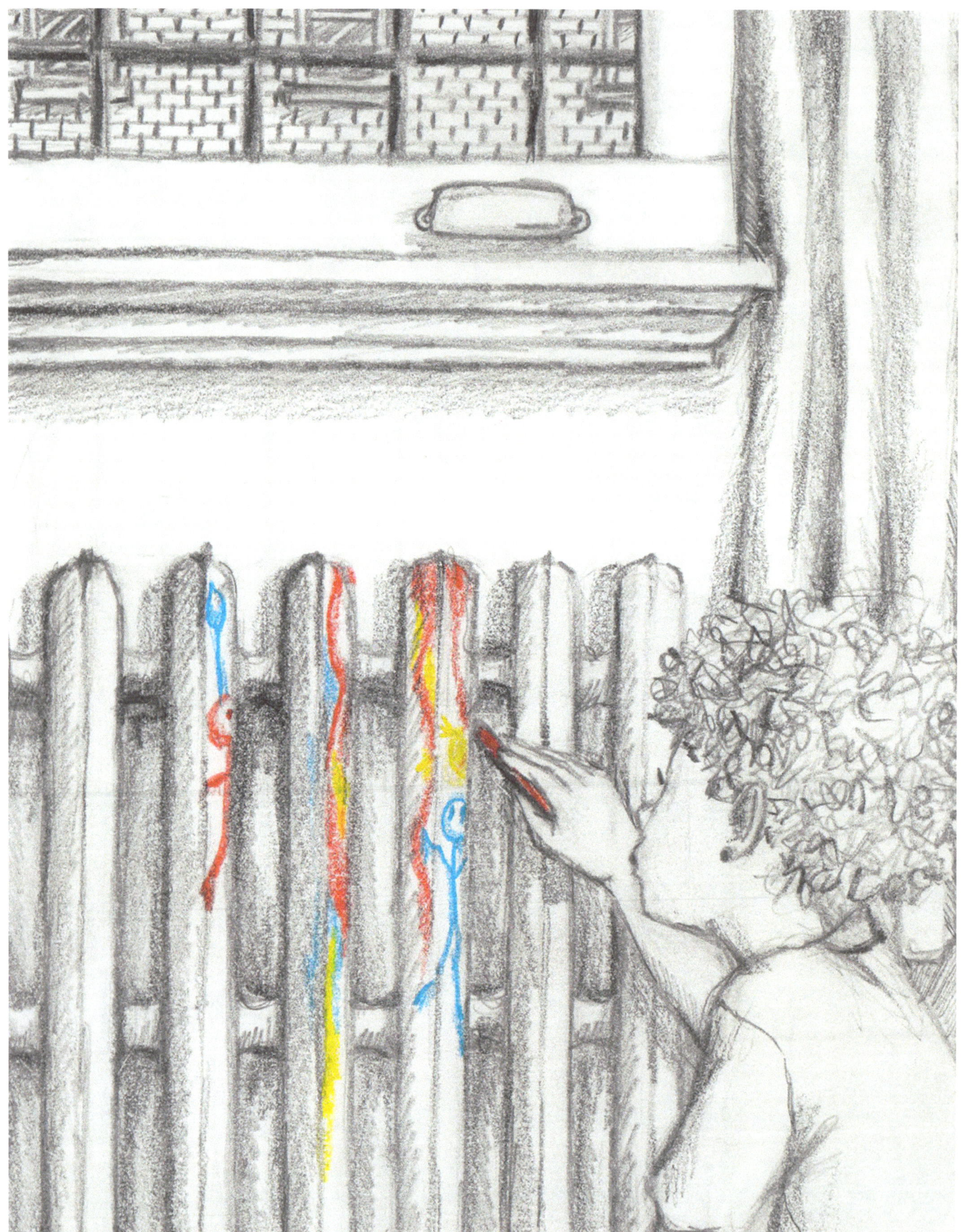

Ella dibujó en el radiador
cuando estaba caliente.
Hizo que los crayones
se derritieran.
Ella pronto supo que
eso fue, un no-no.

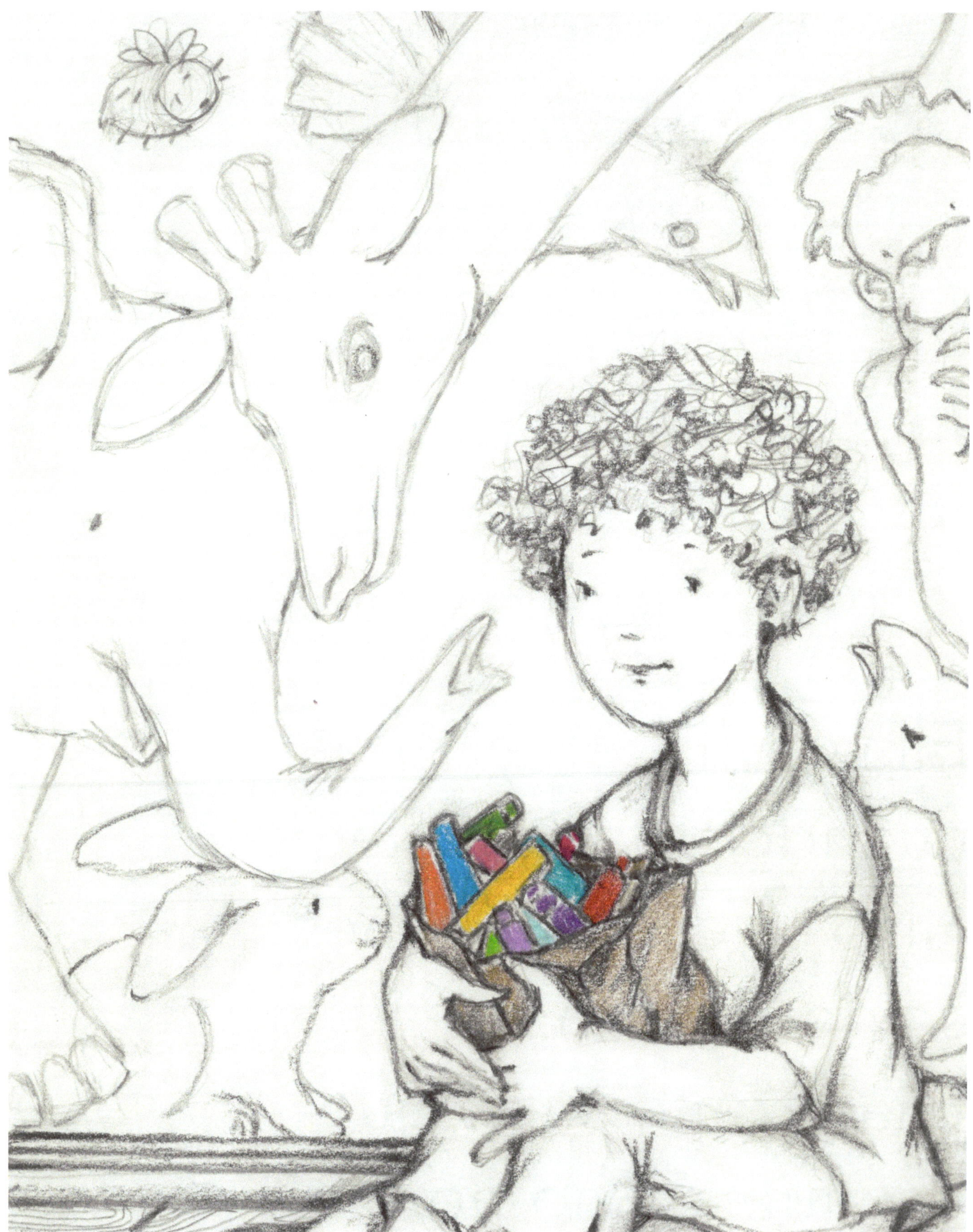

Ella imaginaba
dibujos de todo tipo
de animales amistosos.

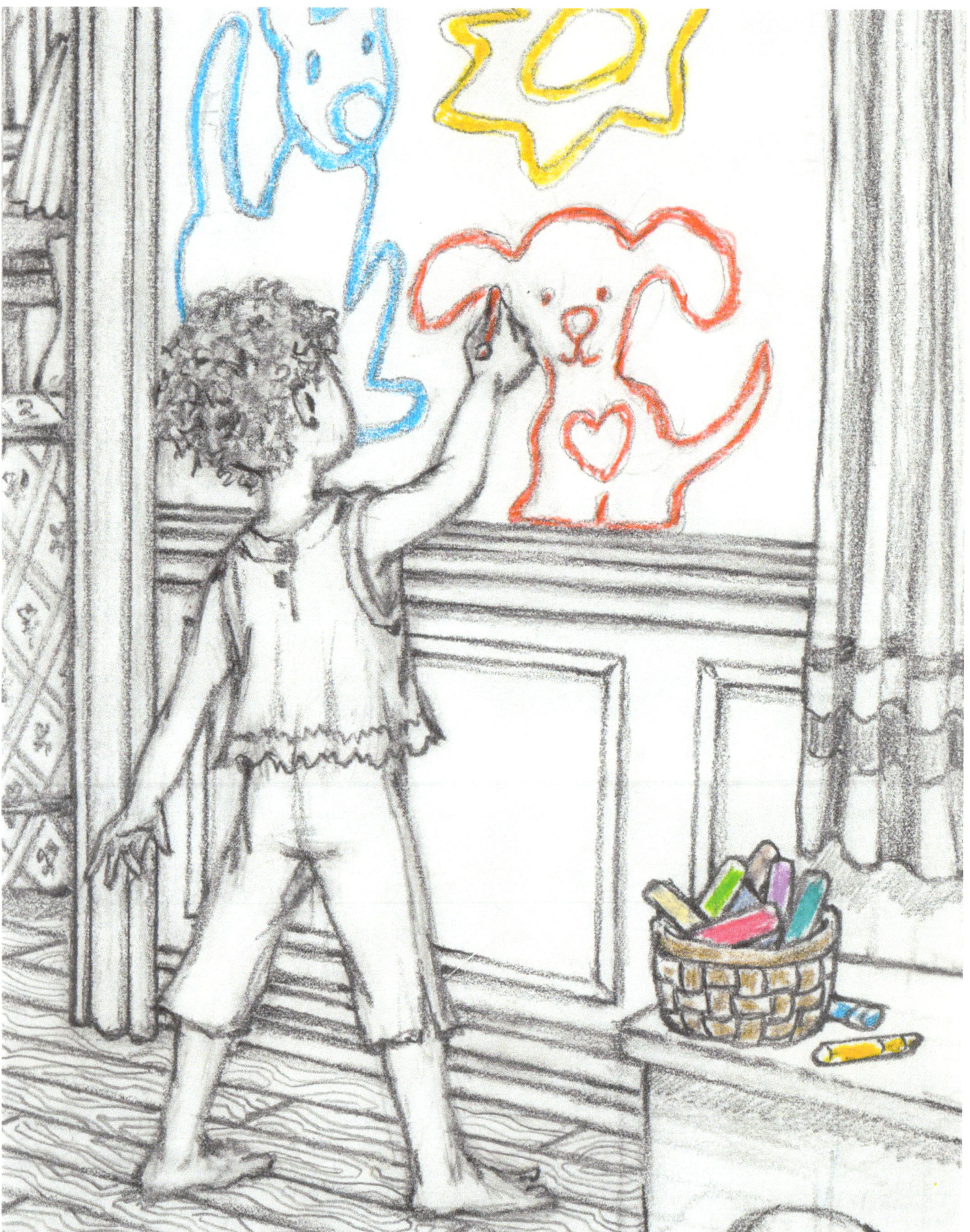

Y dibujó algunos en la pared.
Ella aprendió que
eso también, fue un no-no.

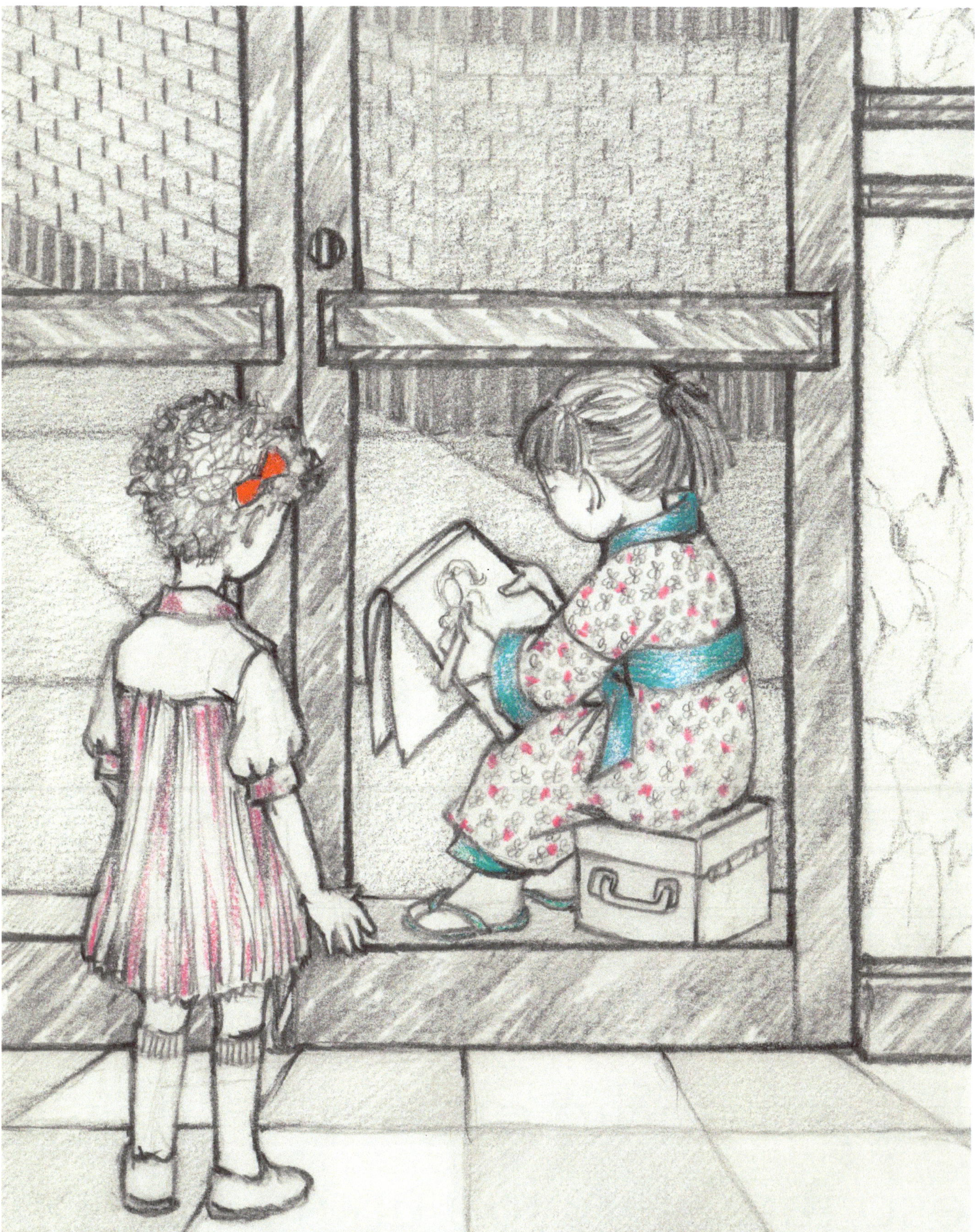

Un día encontró
una niña dibujando
en el patio y penso,
"Yo quiero dibujar así."

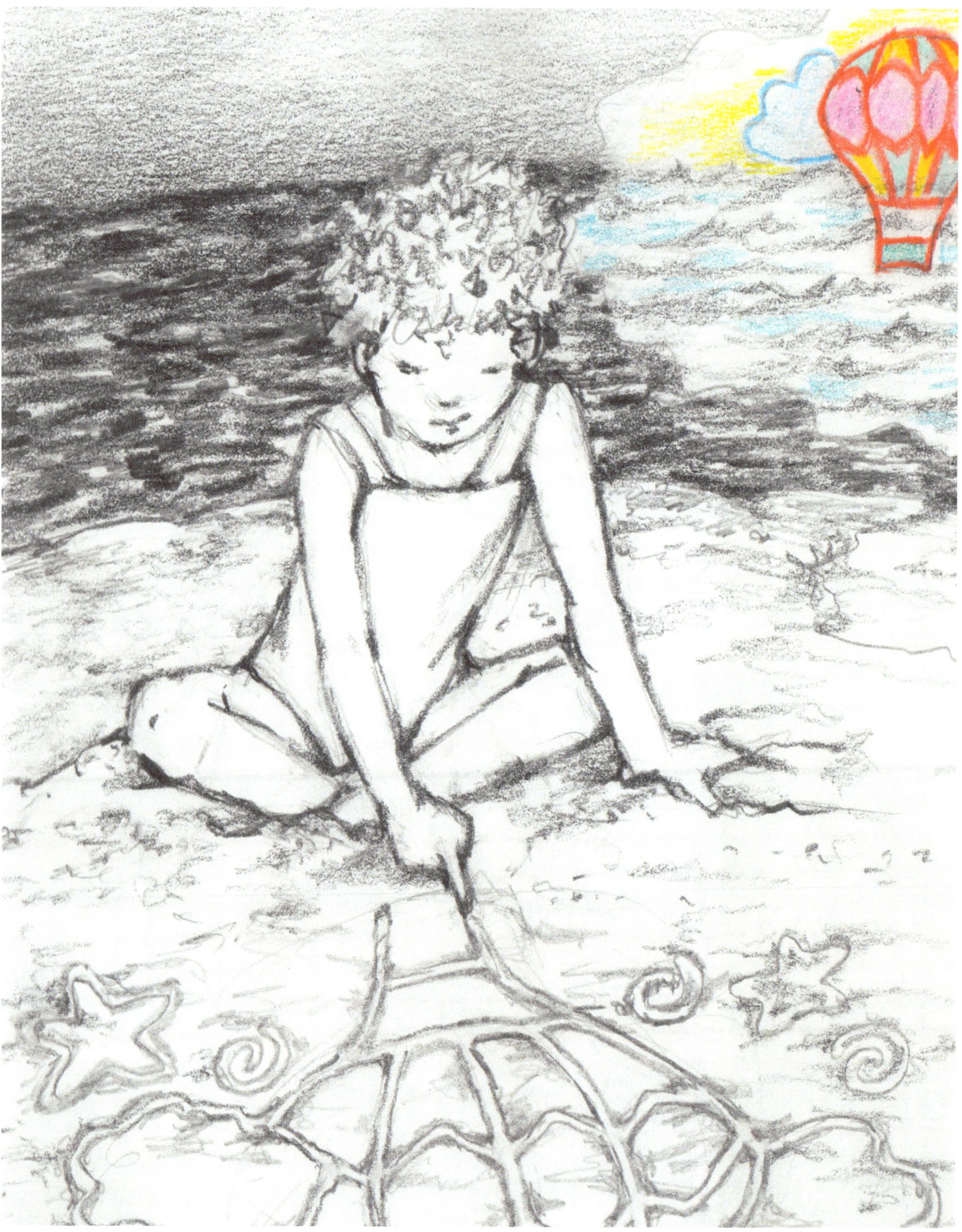

Ella dibujó con sus crayones
casi todos los días.
Durante el verano
hizo dibujos en la arena.

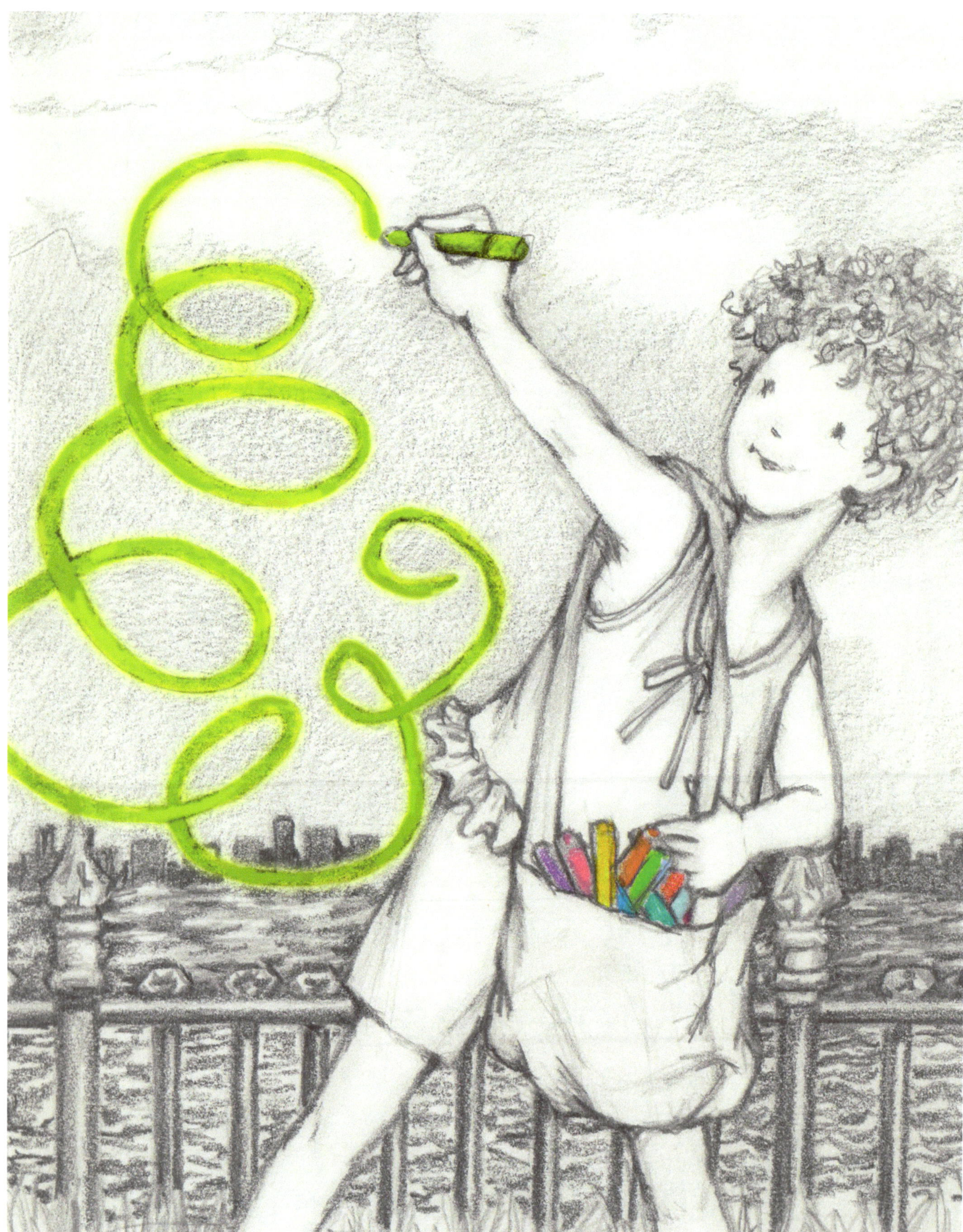

Ella llevó sus crayones
a todas partes y a veces
dibujó círculos en el aire.

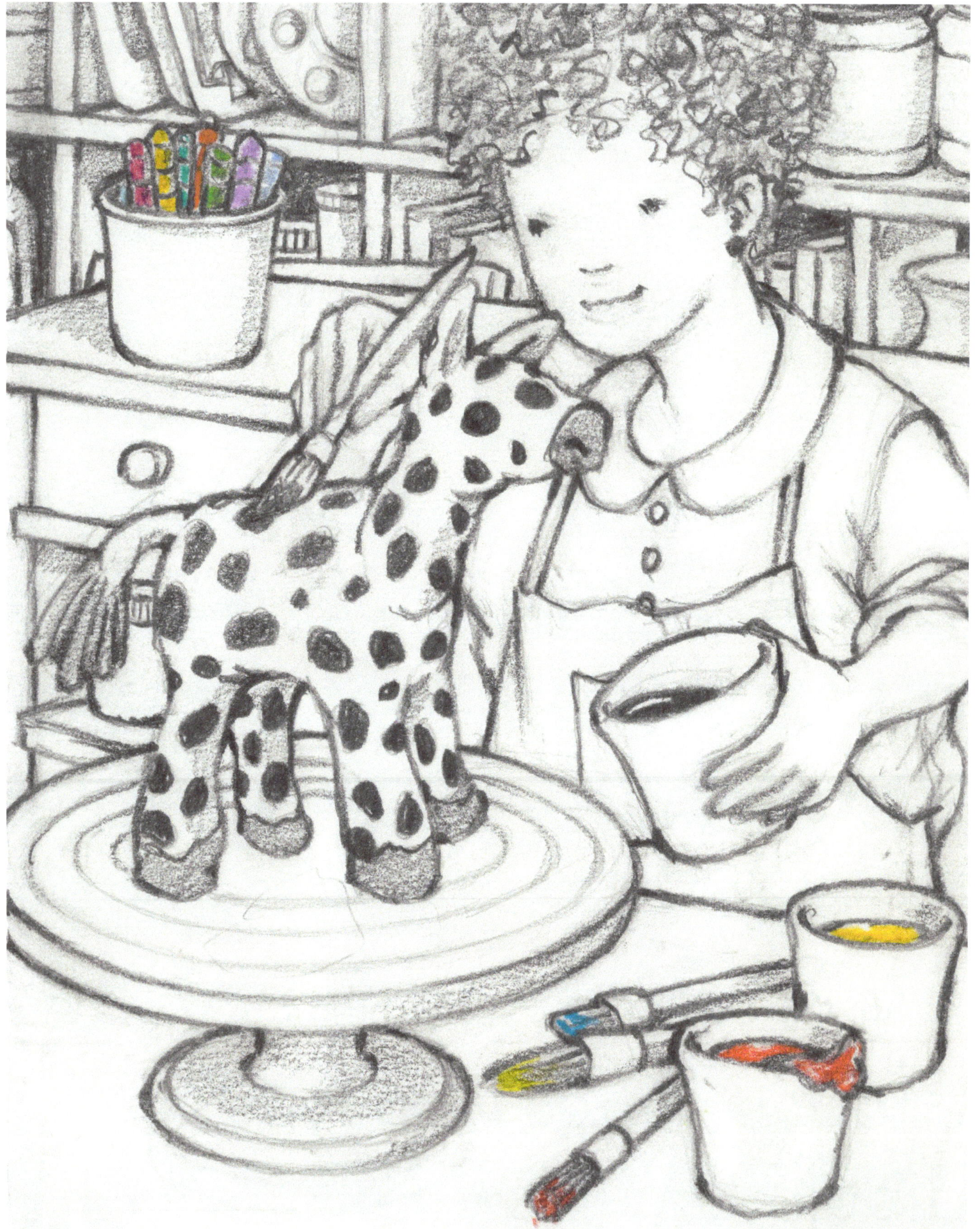

En el campo,
ella hizo
una cebra con lunares
de barro.

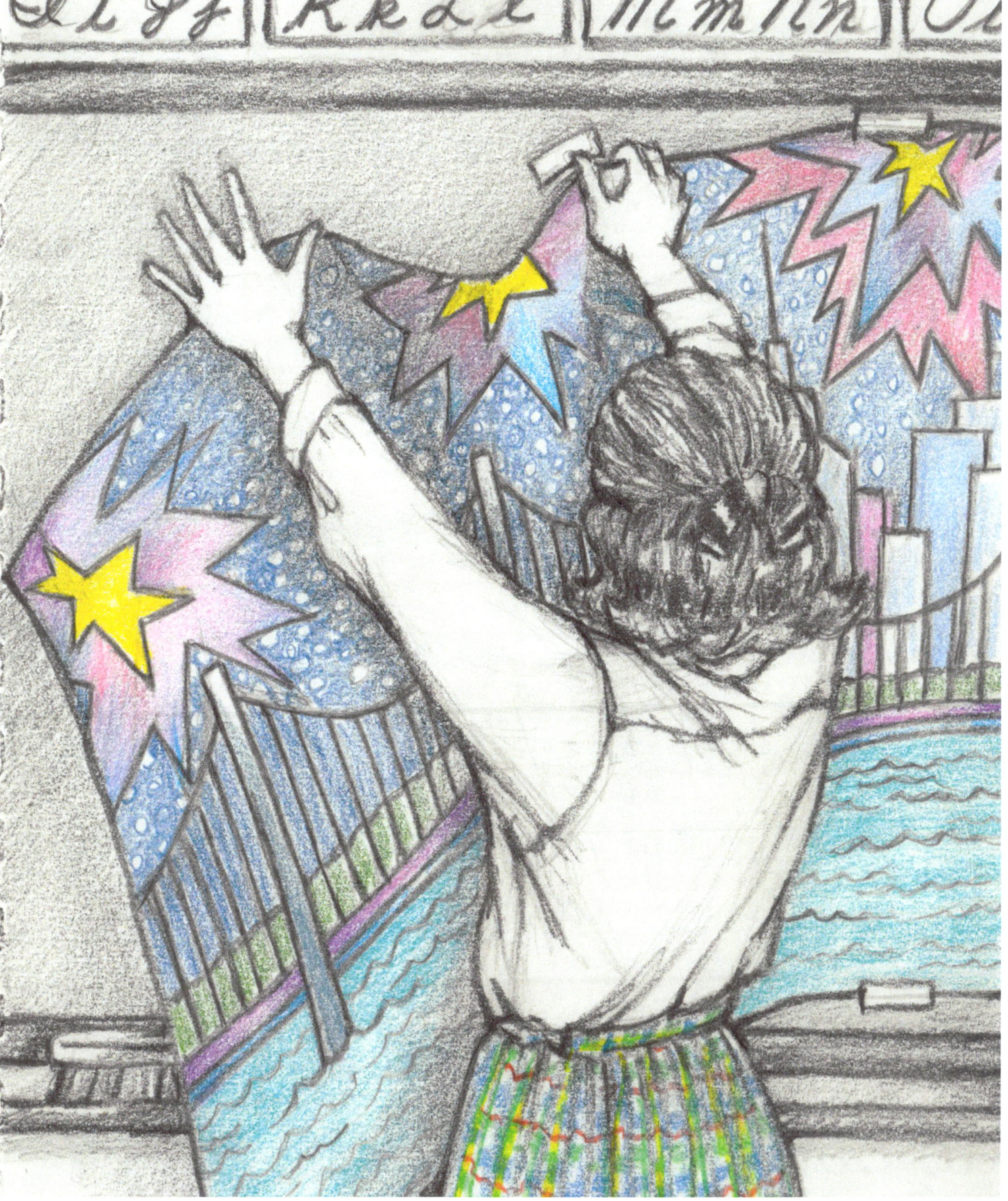
Ii Jj
Kk Ll
Mm Nn

Cuando era una adolesente, pintó un mural de la ciudad para su salón de clases.

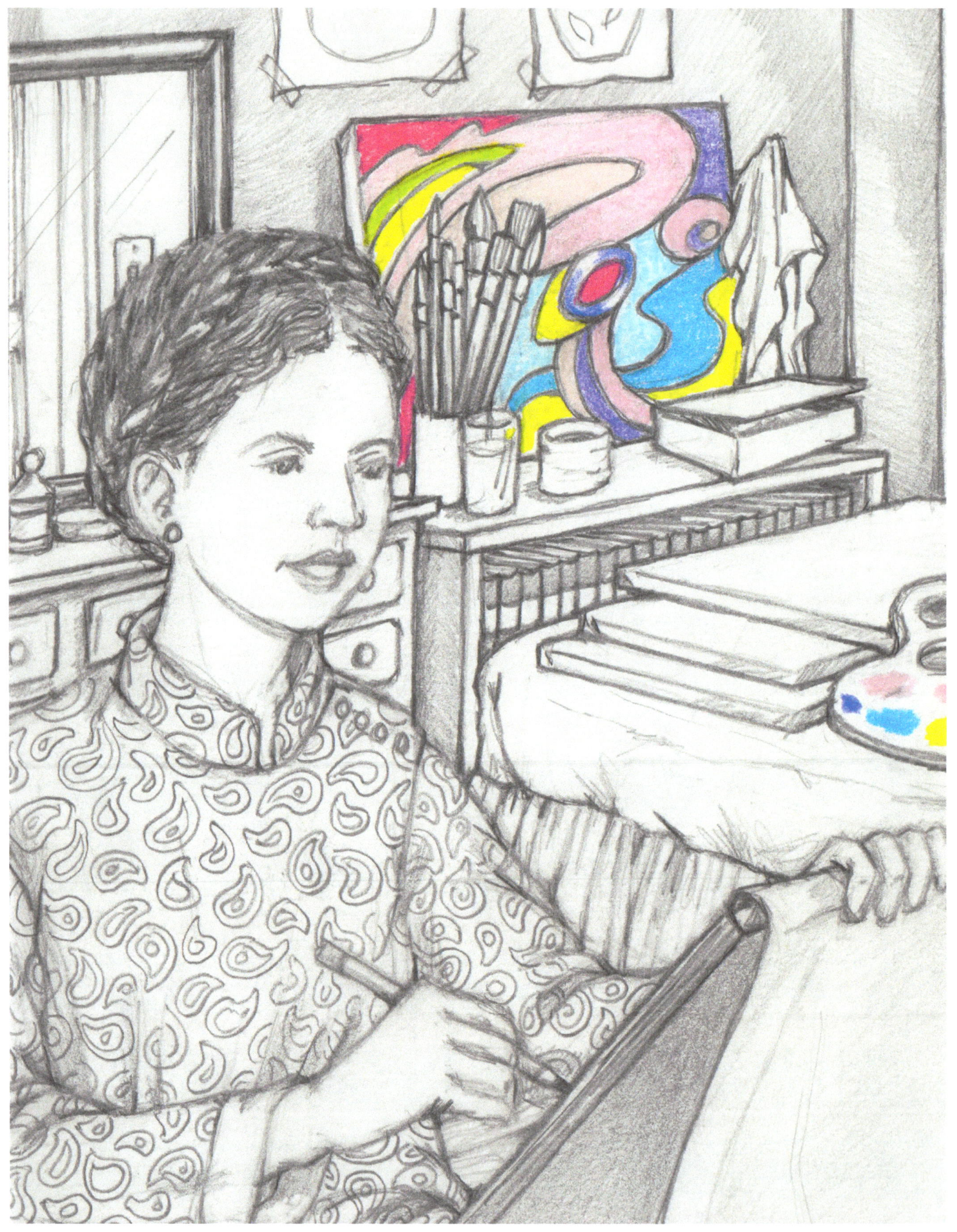

Ella practicó
dibujando y pintando
en su dormitorio.

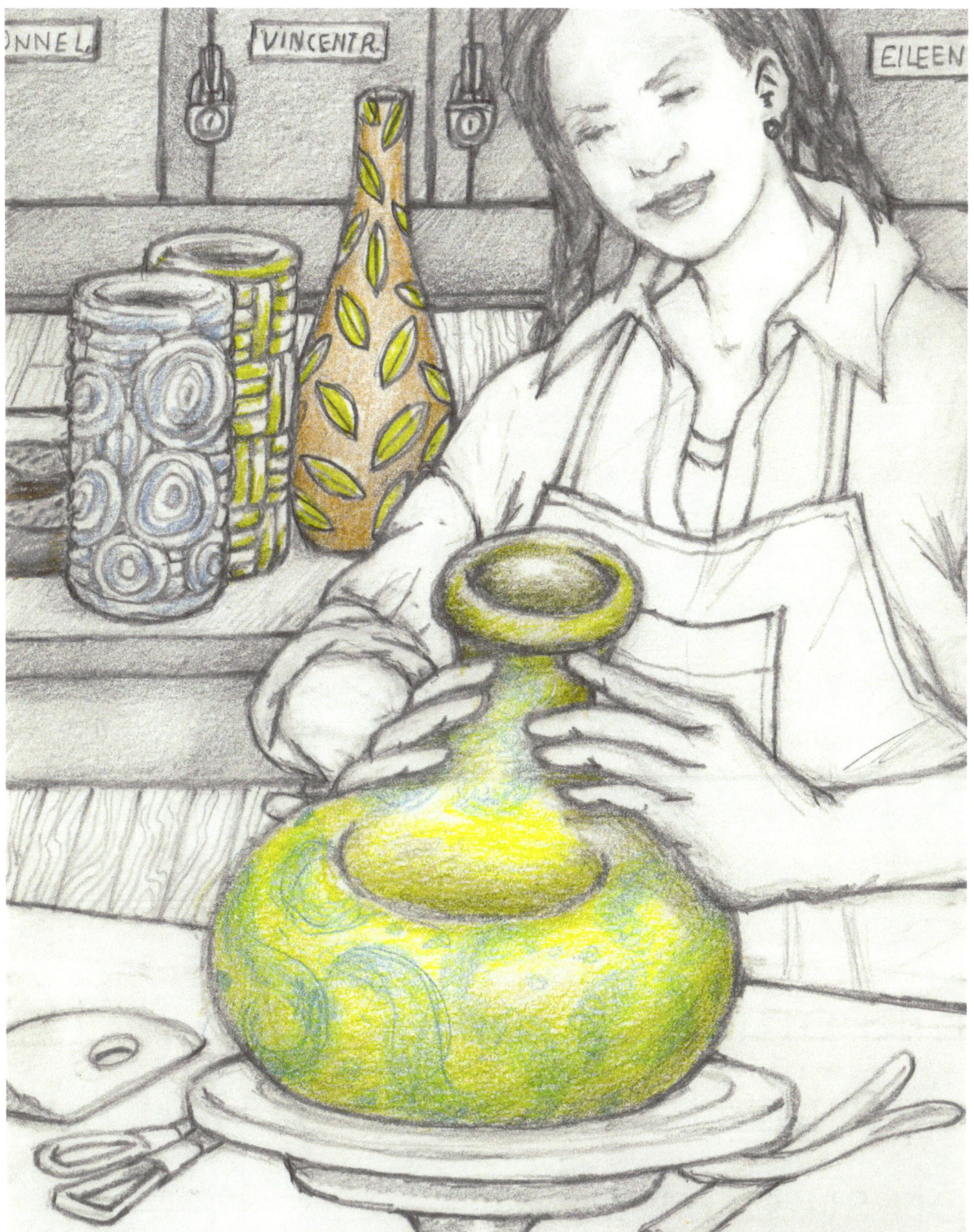
ONNEL.
VINCENT R.
EILEEN

Aprendió a construir
jarrones de barro.

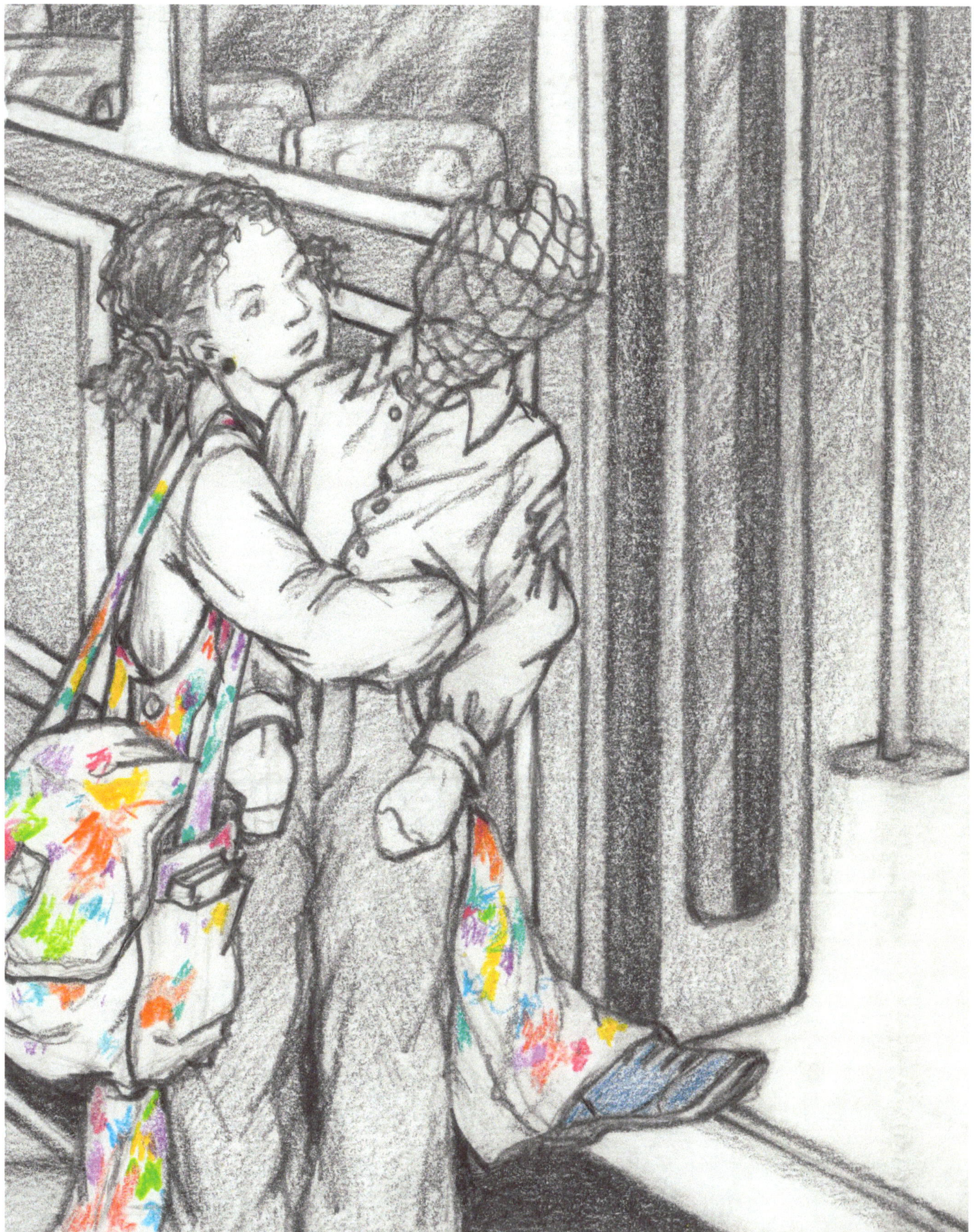

También
usó alambre de gallinero
para construir
un maniquí de su tamaño
para un proyecto escolar.

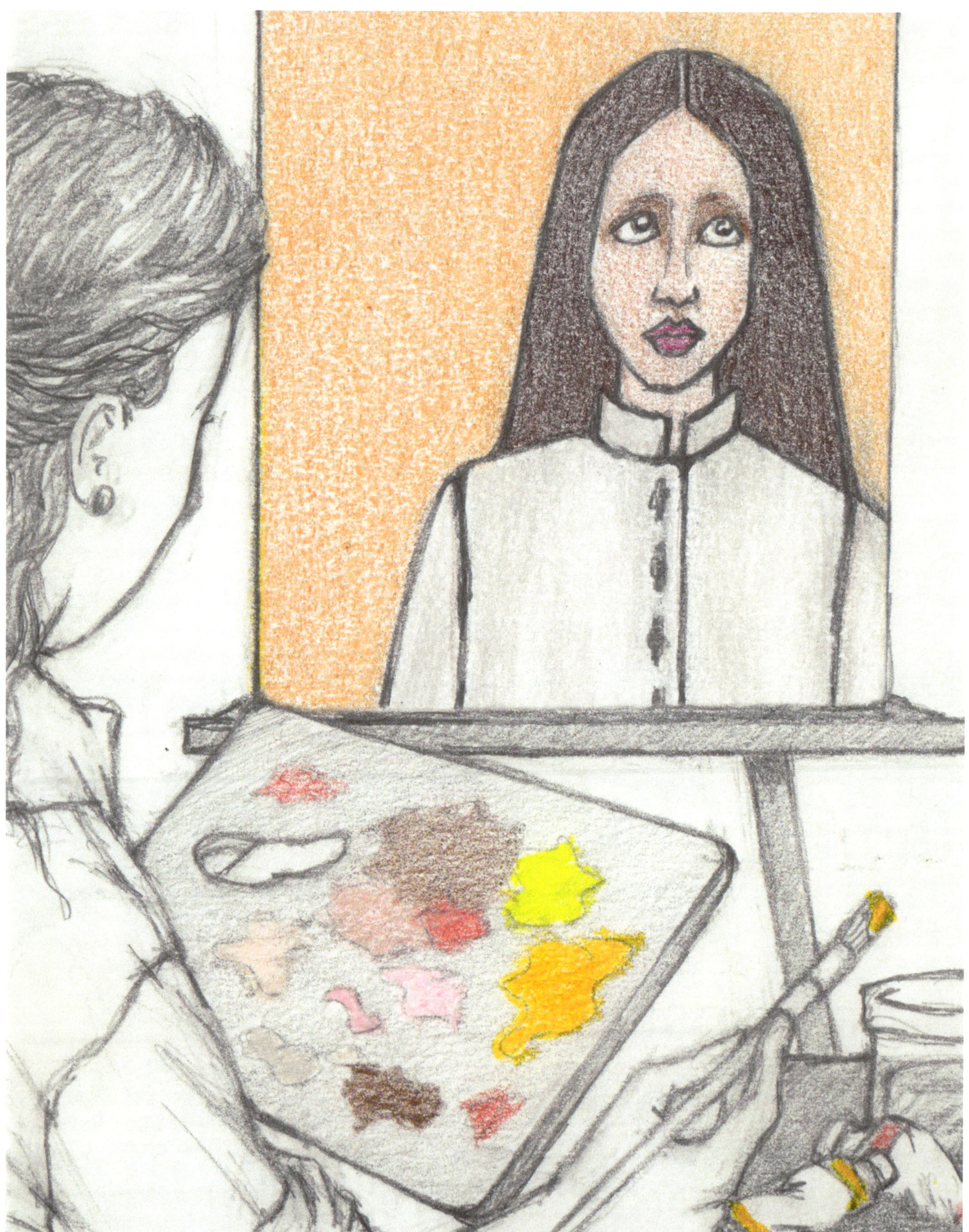

Cuando era una señorita, ella practicaba pintar gente imaginaria.

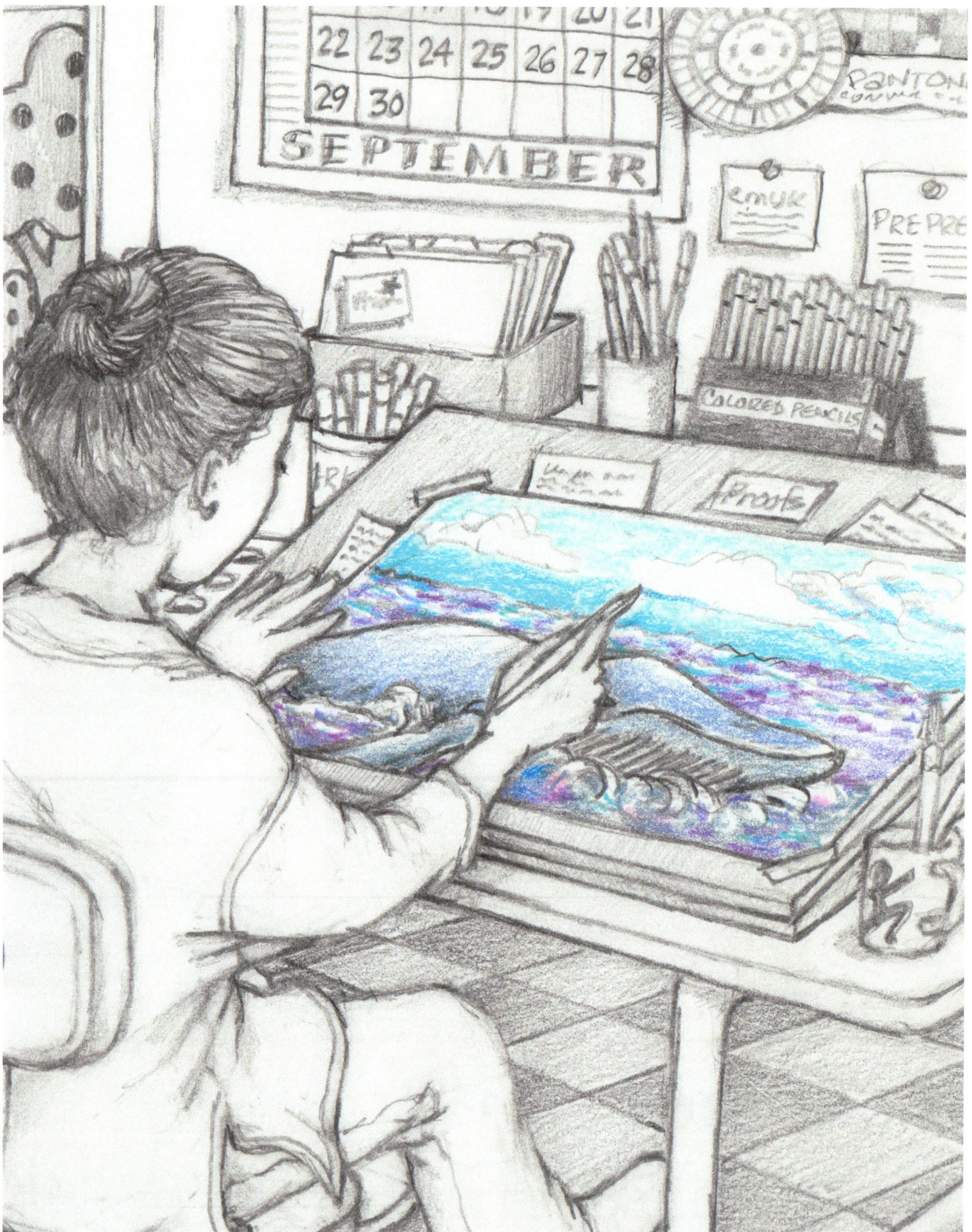

22 23 24 25 26 27 28
29 30
SEPTEMBER
cmyk
COLORED PENCILS
Proofs

Cuando era toda adulta,
ella consiguió un trabajo
dibujando y pintando,
para libros y revistas,
todo tipo de cosas
incluyendo las ballenas.

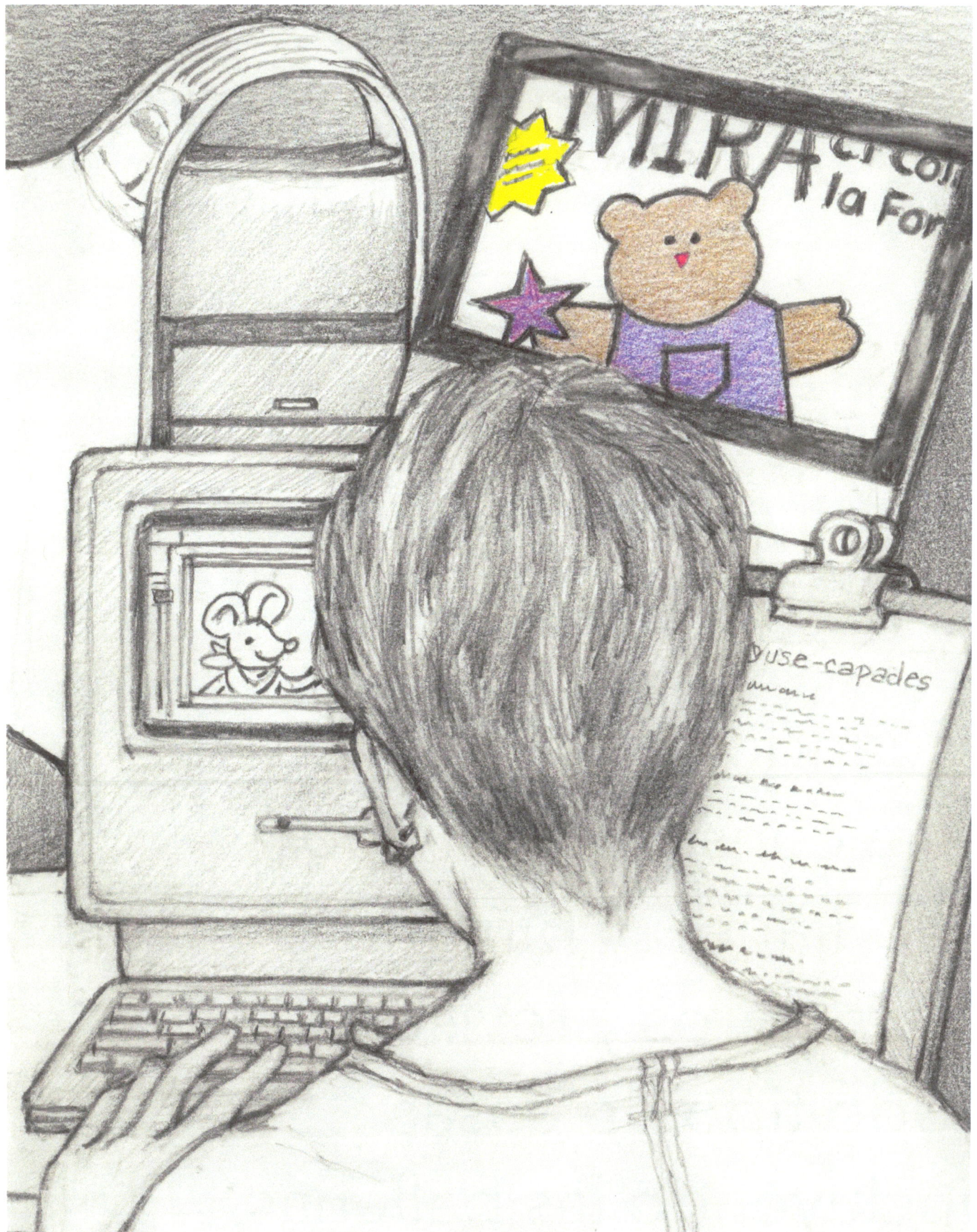
MIRA

Aprendió todo
sobre una de las primeras
computadoras personales
y la usó para crear libros
para niños pequeños.

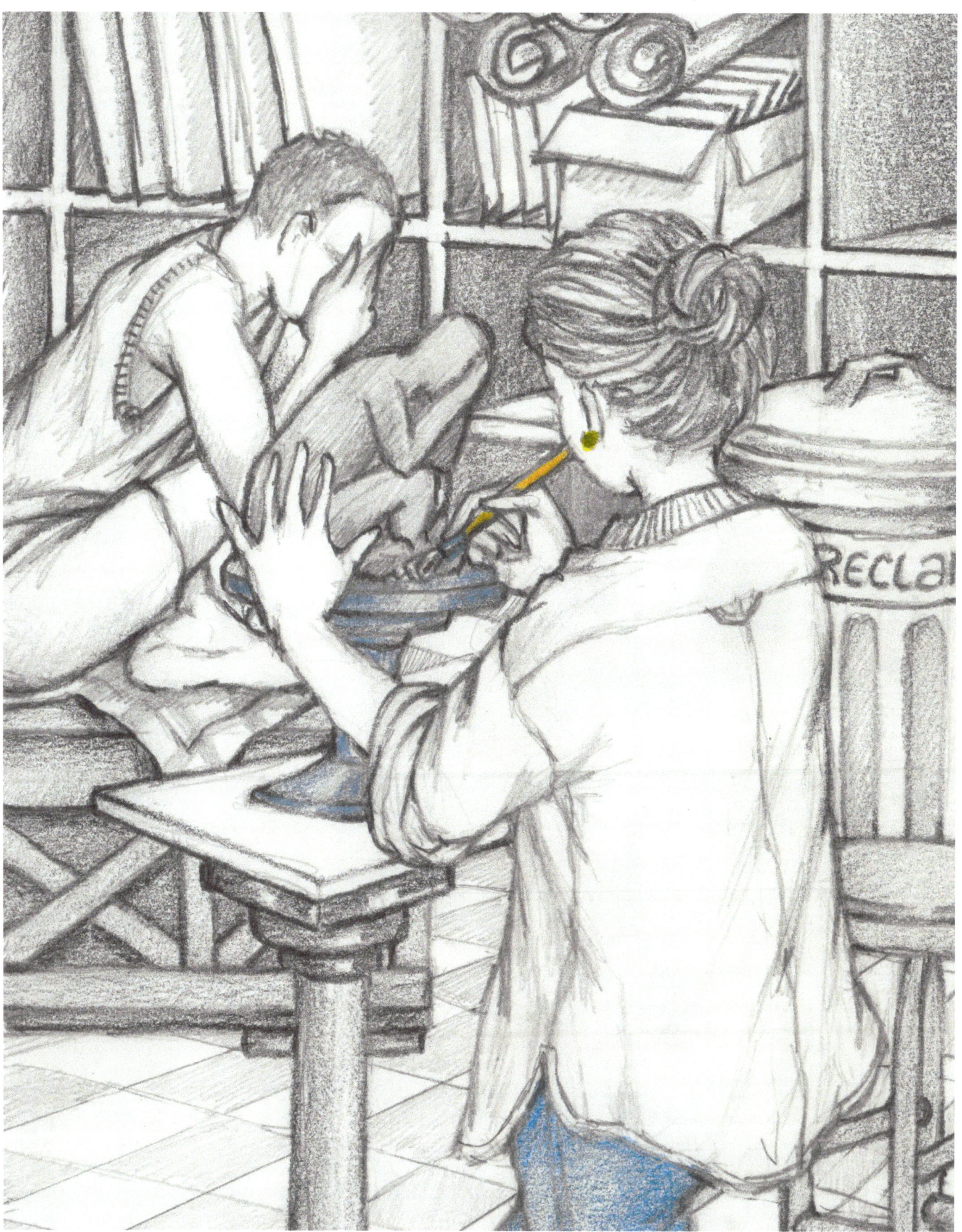
RECLA

Cuando no estaba trabajando, ella practicaba esculpir figuras de barro.

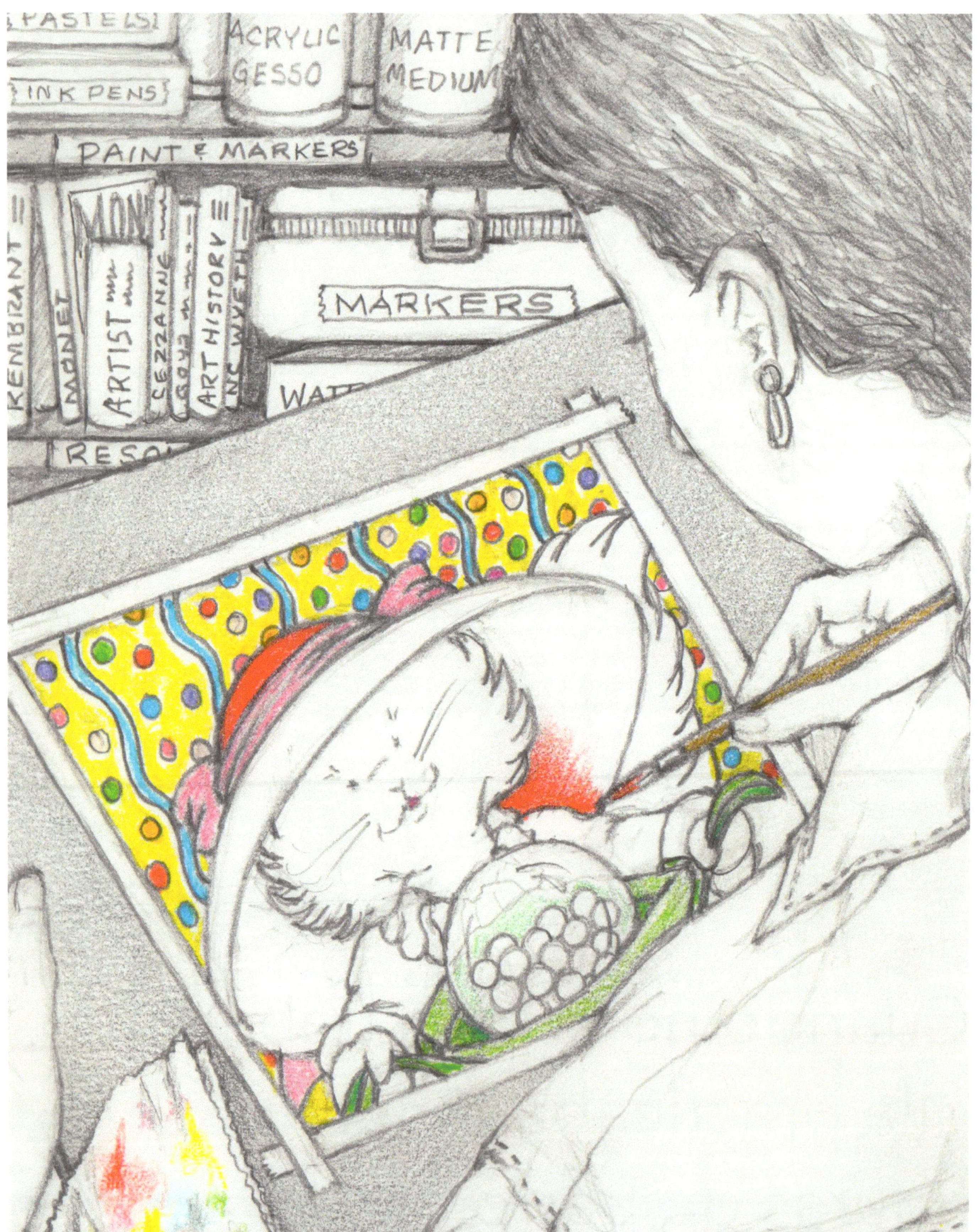
ACRYLIC GESSO
MATTE MEDIUM
INK PENS
PAINT & MARKERS
REMBRANT
MONET
ARTIST
CEZZANNE
GOYA
ART HISTORY
NC WYETH
MARKERS

Ella inventó personajes para su primer libro ilustrado sobre una gata y sus amigos.

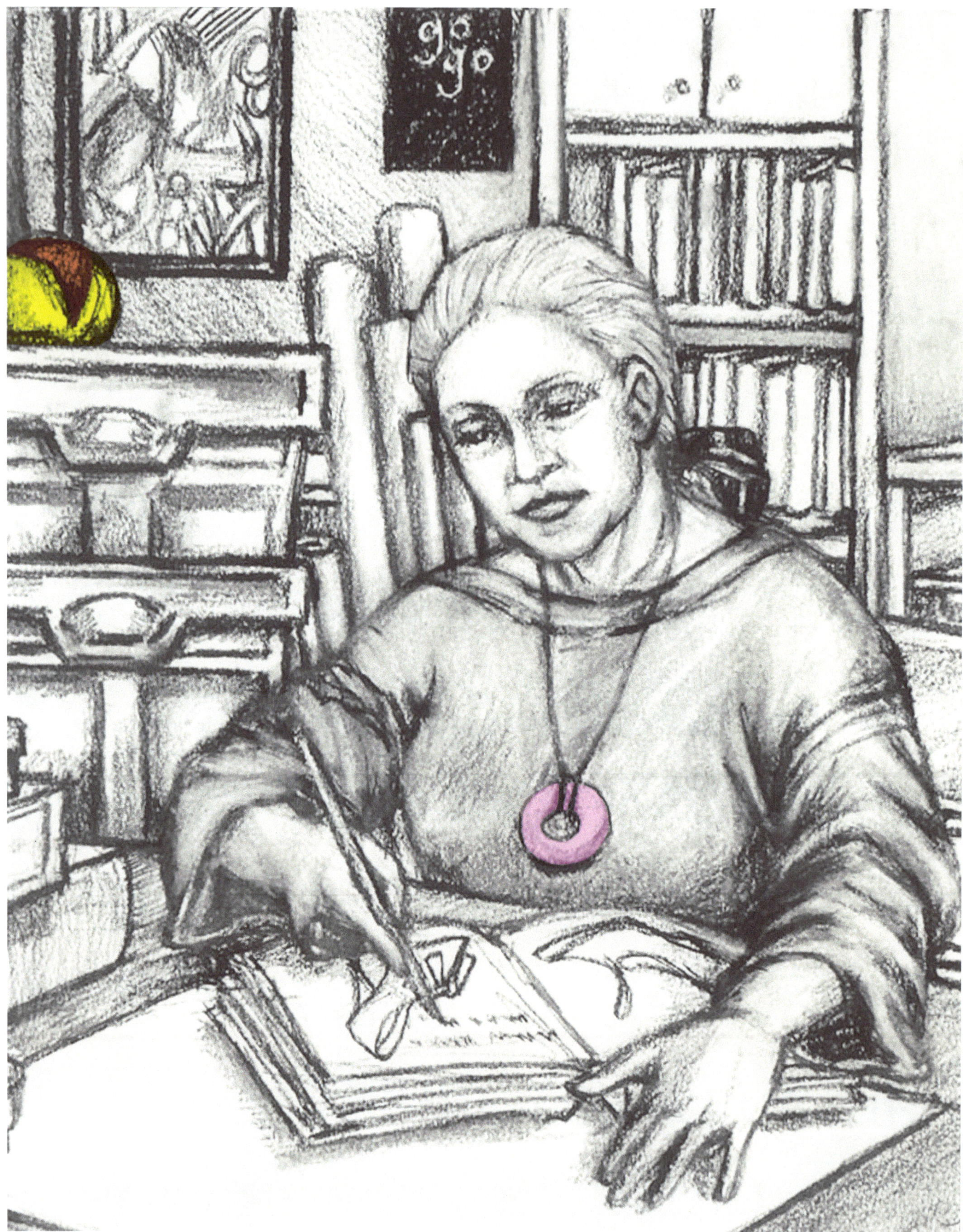

Cuando era mucho mayor, ella comenzó a dibujar bocetos de zapatos.

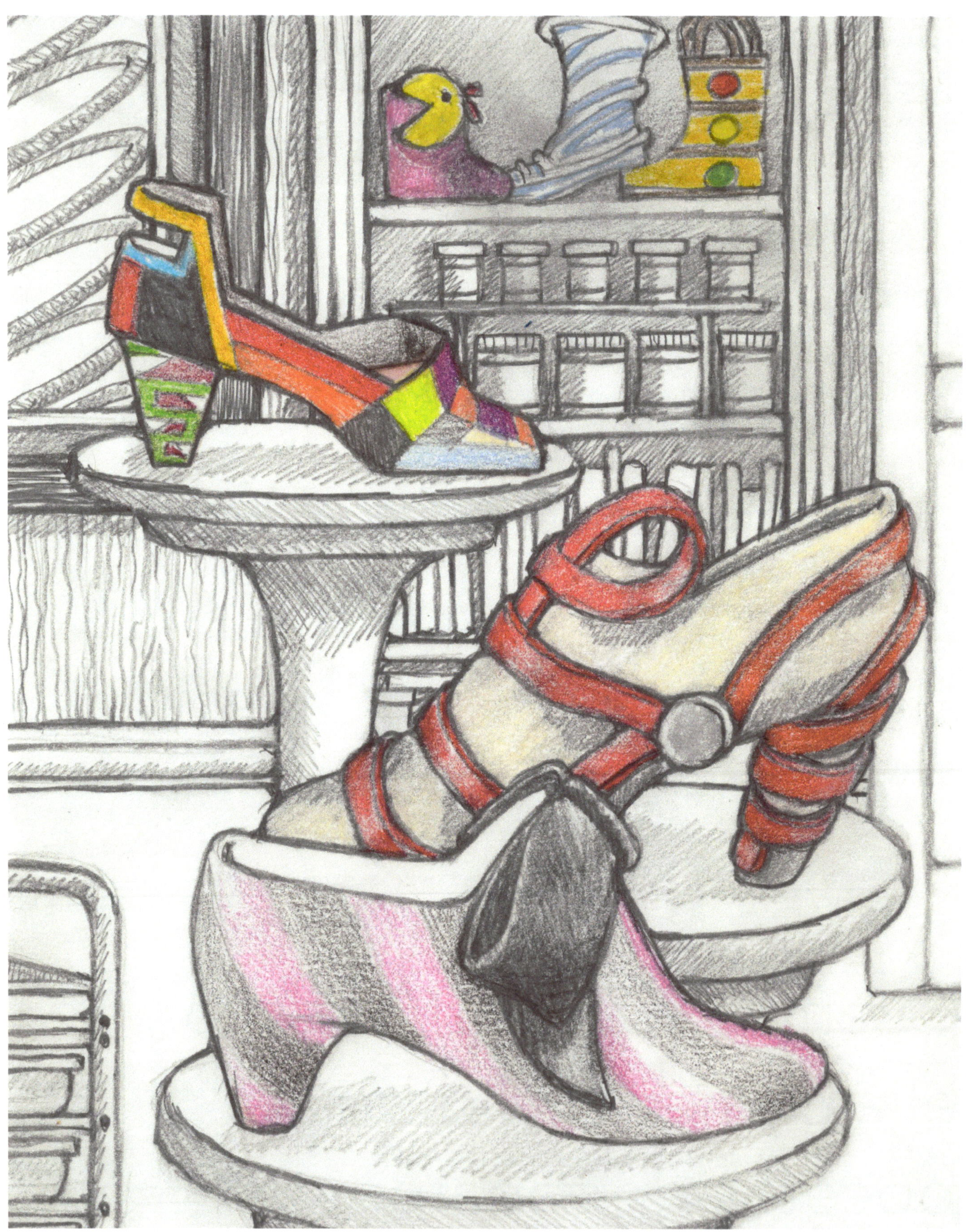

Y los convirtió en una
colección de esculturas
de barro.

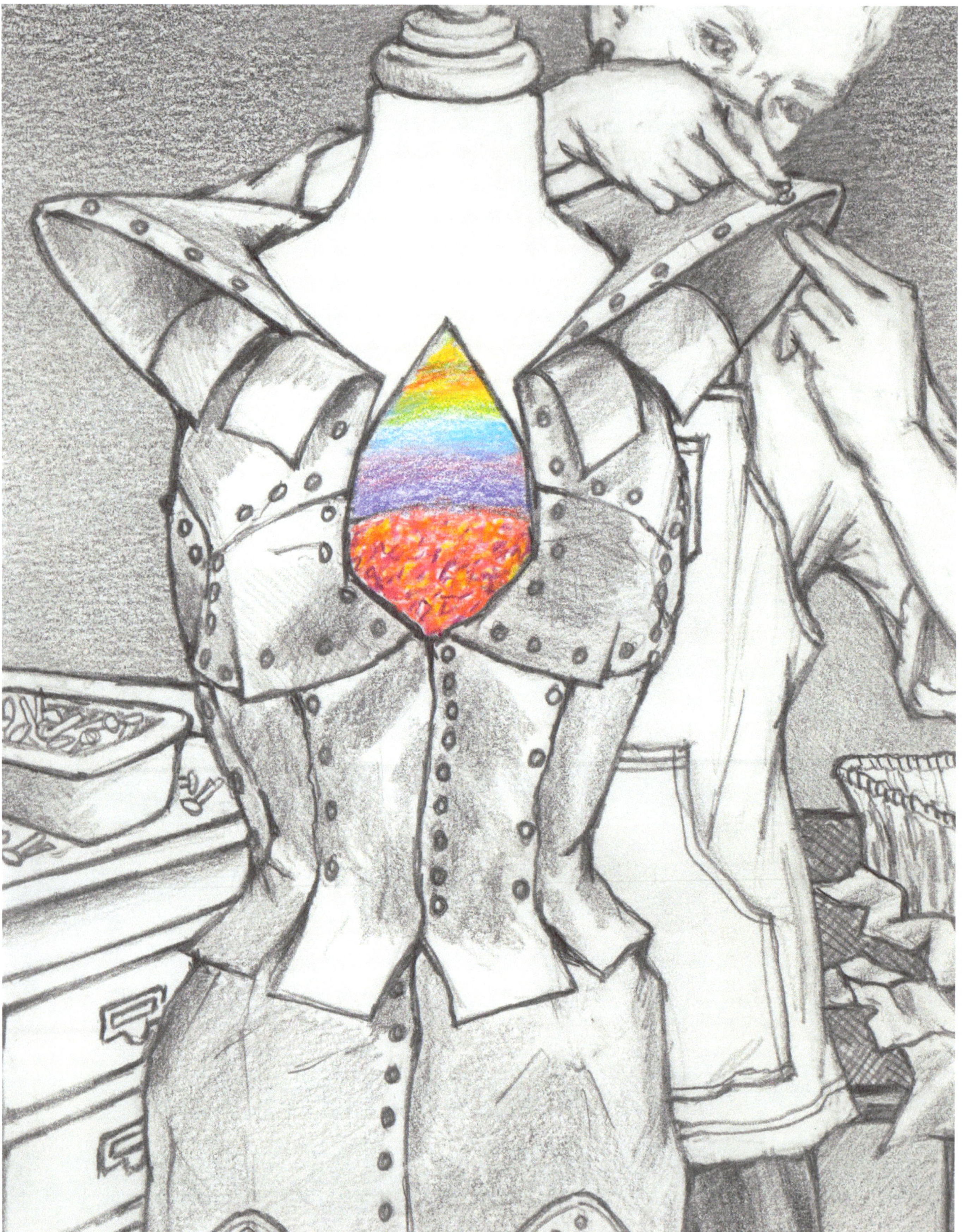

Sus dibujos, pinturas, esculturas y un vestido, que hizo con moldes de aluminio para pavo y bandejas, fueron incluidos en exhibiciones de arte.

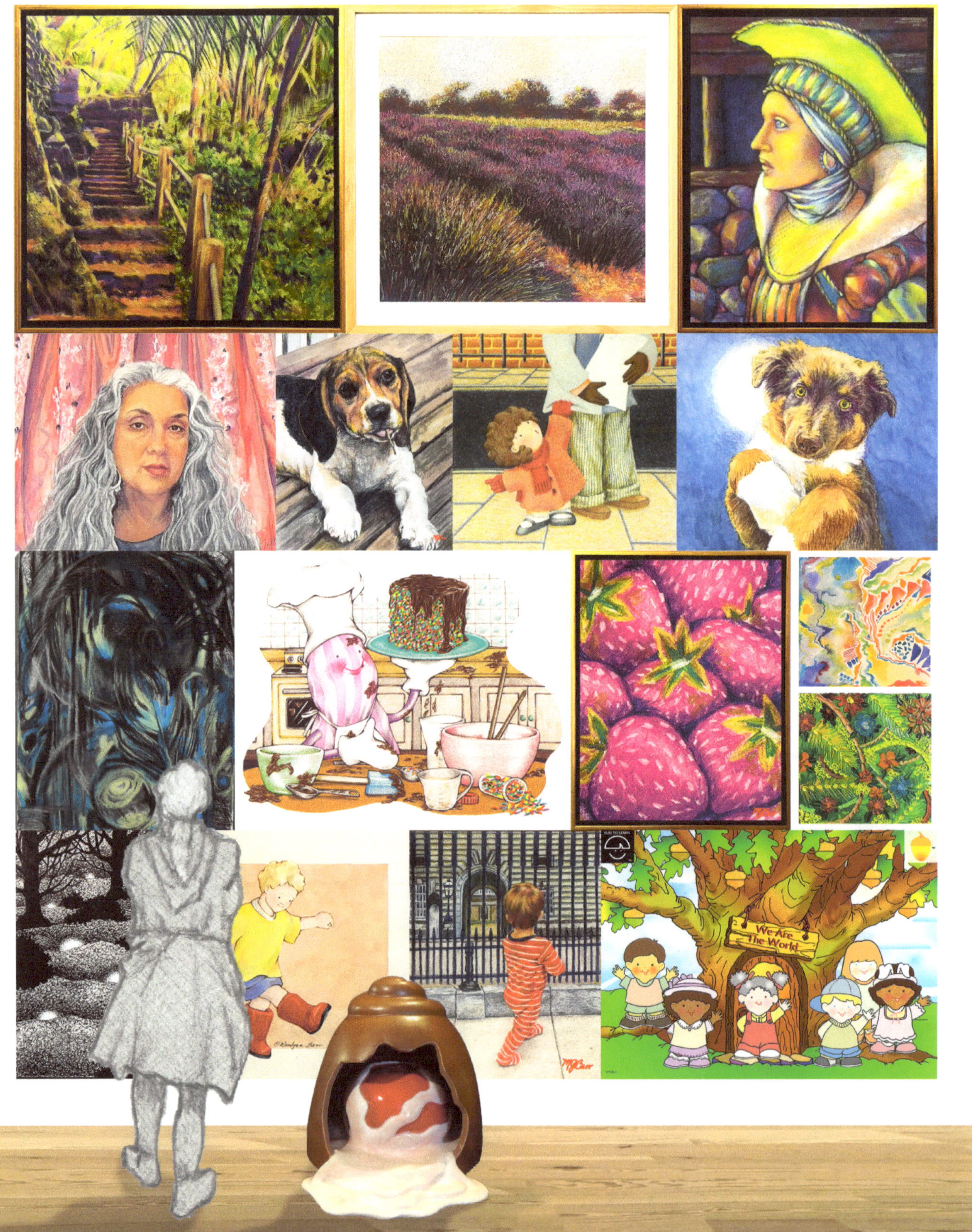
We Are
The World

Hoy,
ella es una abuela y
continúa dibujando, pintando,
trabajando con barro,
y creando libros para niños.

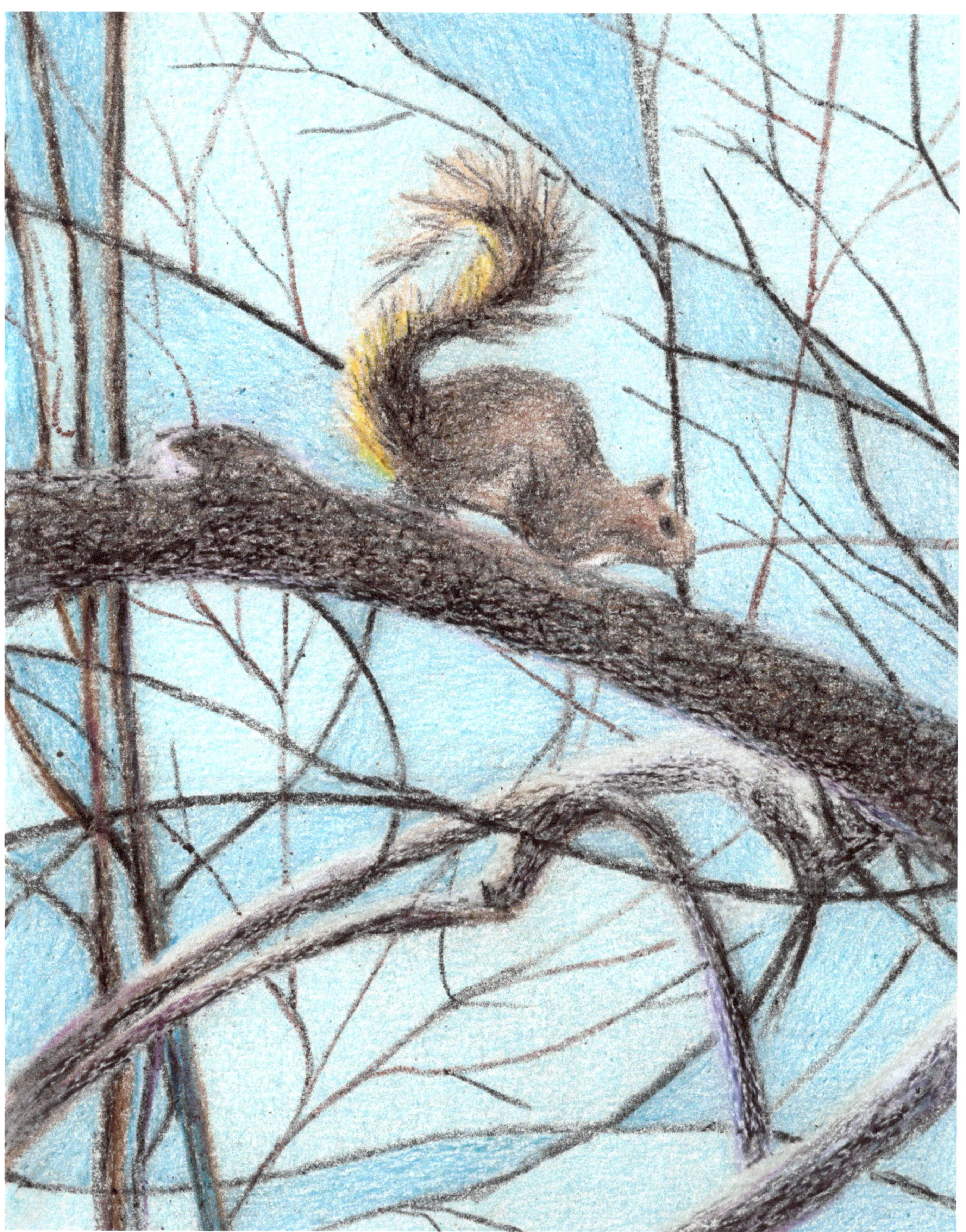

Y todavía le encanta
hacer arte
con crayones.

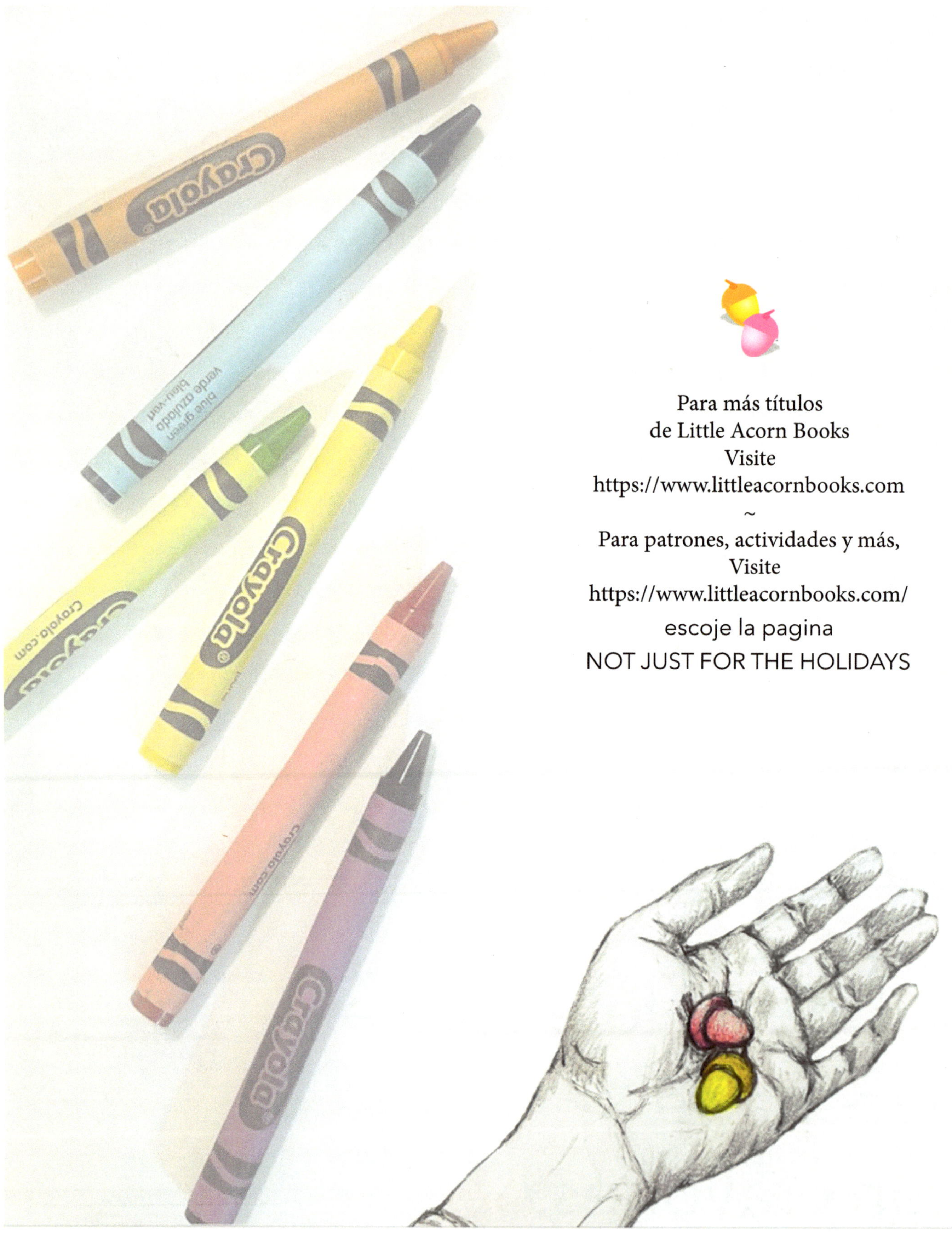

Para más títulos
de Little Acorn Books
Visite
https://www.littleacornbooks.com
~
Para patrones, actividades y más,
Visite
https://www.littleacornbooks.com/
escoje la pagina
NOT JUST FOR THE HOLIDAYS

www.ingramcontent.com/pod-product-compliance
Lightning Source LLC
LaVergne TN
LVHW070154110826
845147LV00002B/396

* 9 7 8 1 9 4 6 5 5 7 0 9 4 *